ख़्वाब

जो हक़ीक़त से दूर देखे

अनुज तिवारी 'सिफ़र '

BookLeaf Publishing
India | USA | UK

Made with ❤ on the BookLeaf Publishing Platform
www.bookleafpub.in
www.bookleafpub.com

Dedication

प्यार और परिवार के लिए....

माता रामो मत्पिता रामचंन्द्रः ।
स्वामी रामो मत्सखा रामचंद्रः ।
सर्वस्वं मे रामचन्द्रो दयालु ।
नान्यं जाने नैव जाने न जाने ॥

जय श्री राम

Preface

किसी भी चीज की शुरुआत एक खयाल से ही होती है और उस खयाल मे हक़ीक़त खोजते हुए हम कुछ नया करने निकल पड़ते है, चाह हमेशा बेहतर की होती है पर हम सब कहीं न कहीं ये सुनते हुए बड़े होते हैं के ये तो नामुमकिन है, क्यूंकी ये कुछ अलग है। इस तरह हर अलग चीज, अलग काम हमे नामुमकिन लगने लगता है और इस तरह वो खयाल इन बहुत सारे नामुमकिन के भीतर कहीं दब कर रह जाता है, पर यकीन मानिए ये खयाल अब भी वहीं हैं। मन के किसी कोने मे दबा, आप के भीतर ही।

sigmond freudने कहा था "unexpressed emotions will never die. they are burried alive and will come forth later, in uglier way....."

मैं इनकी इस बात से वास्ता रखता हूँ, पर मुझे नहीं मालूम के ये खयाल बुरी तरह से निकल आते हैं या अच्छी तरह से, पर मेरा मानना है के ये दफन खयाल

किसी सड़े मुर्दा की तरह बाहर आए, उससे पहले ही हमे इन्हे खोज कर बाहर निकाल देना चाहिए तो बस उन्ही कुछ दफन खयालों मे साँसे ढूंढते हुए यंहा व्यक्त कर रहा हूँ शायद मैं नहीं चाहता के ये बाद मे किसी मलाल का सबब बने।

इस किताब मे लिखी हर इक बात को न तो मैं ग़जल कहूँगा, क्यूंकी उसके लिए आपको बहर की धरातल पर खरा उतरना होता है। न ही इन्हे शेर कहूँगा उसके लिए आपको काफ़िया, रदीफ, मतला और मक़्ता को विचारों के न जाने कितने ही गहरे समुंदर से ढूंढ निकालना होता है। शायद इन्हे कविता भी नहीं कहूँगा क्यूंकी ये हिन्दी साहित्य के पैमानों पर खरी नहीं उतरती हैं, बस ये कुछ खयाल हैं। मुझे नहीं मालूम की इक नये लेखक को पहले पन्ने पर खुद के बारे मे इस तरह के निजी विचार व्यक्त करने चाहिए पर मुझे लगता है दिल से की बातों के पैमाने नहीं होते। ये कुछ खयाल ही हैं, जो कभी किसी परिस्थिति से गुजरते हुए तो कभी यूं ही अंतर्मन के किसी कोने से निकल कर बाहर आ गए और किस्मत से मैं इन्हे इनके विस्मित होने से पहले लिख पाया।

मैं लेखक नहीं हूँ। बस अपने खयालों को शब्दों से आकार देने की कोशिश करता हूँ मैं इसमे अच्छा हूँ या नहीं मैं नहीं जानता मैं ये भी नहीं जनता के किताब के पहले पन्ने पर क्या लिखना चाहिए। मैं ये इक पन्ना लिखने के लिए न जाने कितनी ही सोचती रातों से गुजरा पर जब लिखने बैठा तो दिल मे जो आया लिखता चला गया। शायद इसलिए ही ये इतना सुगठित नहीं है, सुसज्जित नहीं है और न ही इसमे कोई तारतम्यता हैं परंतु ये लिखते हुए मुझे एहसास हुआ के पहला पन्ना कभी किताब या कहानी के लिए होता ही नहीं है। ये पन्ना इक लेखक और उसके पाठक के परस्पर तालमेल का होता है। जहां स्नेह हो, तालमेल हो वहाँ बातों के सुसज्जित होने की या उनमे तरतम्यता होने की जरूरत नहीं है। आपकी कही बात सामने वाले की मन तक पहुच ही जाती है।

इस किताब का हर इक खयाल उन अधूरे लम्हों, टूटे वादों और अनकहे जज़्बातों की दास्तान है, जो दिल मे तो पूरी सिद्दत से जिए गए, मगर अल्फ़ाज़ तक आते आते बिखर गए। ये किताब किसी एक कहानी की नहीं है। ये कई अधूरे ख्वाबों का संगम है, जहां हर एक खयाल एक टूटे हुए लम्हे से जन्म लेता है।

इसमे वो सब कुछ है, जिसे लोग महसूस तो करते हैं मगर कह नहीं पाते-बेबसी, तन्हाई, इंतज़ार, मलाल, खामोशी जो सबसे ज्यादा बोलती है और वो ख्वाब जो सिर्फ महसूस करने के लिए होते हैं, हकीकत होने के लिए नहीं। ये उन लोगों के लिए है, जिन्होंने किसी को खोया नहीं, बल्कि धीरे धीरे खुद को खो दिया

ये लिखते हुए मेरे दिल की धड़कन तेज है, खुशी से, उत्साह से या घबराहट से, मैं ठीक-ठीक नहीं कह सकता। जो कुछ भी अब तक की इस जीवन यात्रा मे महसूस किया वो सभी जज़्बात ईमानदारी से यंहा कुछ शब्दों मे बयान करने की कोशिश कर रहा हूँ। उम्मीद है के मुझे ये लिखते वक़्त जितना उत्साह हो रहा है उतना ही आपको पढ़ते वक़्त भी होगा।आखिर मे बस इतना ही कहूँगा...

"मेरा लिखा ही मेरी उम्र का हासिल है बस,
बाकी सब मुकाम तो हम यूं ही कुर्बान किए हैं।

- अनुज तिवारी 'सिफ़र'

Acknowledgements

सर्वप्रथम, मैं अपने प्रभु को नमन करता हूँ, जिन्होंने लेखन जैसी अद्भुत कला का कुछ अंश मुझे आशीर्वाद स्वरूप प्रदान किया।

मैं लेखक नहीं हूँ। कभी-कभार थोड़ा बहुत शब्दों के साथ खेल लेता हूँ खेलते खेलते कुछ लिख लेता हूँ फिर इस दौड़ती भागती ज़िंदगी मे ठहराव लिए इक साथी मिला जिसने सुना, हमेशा उसी उत्साह के साथ जैसे पहली बार मुझसे कुछ सुना था। वो भी मेरी तरह ही लेखिका नहीं है परंतु लिखती उम्दा हैं मानो हर इक शब्द मे जज़्बात घुला हो शायद इसलिए ही मेरे लिखे हर इक शब्द मे भी एहसास ढूंढ लेती है उसकी वजह से ही ये कुछ लिखे हुए शब्द इक किताब का रूप ले पाए वरना शायद आज भी मन के किसी कोने मे दफन होते या शायद किसी डायरी के पन्नों के साथ मर रहे होते। इस किताब के लिखने का जितना श्रेय मेरा है उतना ही उनका भी है। मेरे साथ रात भर जाग कर हर इक खयाल का इक शीर्षक सोचना हो या हर इक खयाल को सुनना हो, या कही कुछ कम या ज्यादा लगने पर उसे समझने मे मदद करनी हो

वो हमेशा मेरे साथ रहे और मुझसे ज्यादा इस किताब के पूरा होने खुशी उनको हैं। मुझे सब बीच मे छोड़ देने की आदत है तो अगर इस किताब का आगाज मेरे लिखे कुछ खयालों से हुआ है तो इसका अंजाम तक पहुच पाना उनके भरोसे, उनकी प्रेरणा की वजह से ही हो पाया वरना शायद ये भी मेरे कुछ अधूरे ख्वाबों मे जमा हो गई होती। ये किताब उनके इसी उत्साह ओर भरोसे की वजह से पूरी हो पाई।

मेरी हर कही-अनकही, सुनी-अनसुनी भावना को समझने के लिए और मेरी किताब का शीर्षक देने के लिए मैं आपका शुक्रिया करता हूँ और उससे भी कही ज्यादा मेरी किसी समुद्री जहाज सी बेपरवाह ज़िंदगी को इक ठहराव देने के लिए मैं आपका शुक्रिया करता हूँ, मेरी जहनसीब (my serendipity)...

"शृंगार मे सिर्फ काजल और बिंदी लगाती है
मधुबाला से भी खूबसूरत नजर आती है
चाँद तकता है उन्हें बादलों से छुप कर
सुना है चाँदनी भी रस्क खाती है "

मेरी ज़िंदगी का आधार मेरे माता-पिता, जिन्होंने मुझे खुल कर सोचने और अपनी राह चुनने की आजादी दी। मेरे बड़े भाई, अभिषेक तिवारी जिन्होंने मेरे ख्वाबों की उड़ान को सहीदिशा दी।जिसने मेरा परिचय ग़ज़ल ,शायरी और नज़मों से करवाया। मेरा परिवार, उनके विश्वास और प्यार के लिए मैं सदैव आभार व्यक्त करता हूँ।

मिस्त्र मे इक कहावत है,जो मुझे लगता है हर किसी ने असल जिंदगी मे जरूर अनुभव की होगी *'मित्रता आनंद को दुगुना और दुख को आधा कर देती है।'* मेरे मित्र अभिषेक, देवेन जी, प्रियांशु, महेंद्र जो हर हाल मे मेरे साथ रहे जिन्होंने ने कभी मुझे अकेला नहीं होने दिया। जो हमेशा मुझे मेरी तन्हाईयों से खिच कर उत्साह की ओर लेकर आए। मेरा कॉलेज का मित्र चित्रांशु जिसने जाने अनजाने मेरे अंदर लिखने का फितूर पैदा किया। मेरे अन्य सभी मित्र जिन्होंने मेरी ज़िंदगी के अलग अलग पढ़ाव पर मुझे संभाला,मेरा साथ दिया और आज मैं जो भी हूँ वो बनने मे मेरी मदद की।

मैं आभारी हूँ, मेरे जीवन मे आए उन सभी लोगों का जिन्होंने मुझ पर विश्वाश किया और मुझे हमेशा कुछ अच्छा करते रहने को प्रेरित किया।

"कुछ ख्वाब तब हक़ीक़त होते है
जब उनकी कोई अहमियत नहीं रह जाती "

1. इल्तिज़ा-ए-ज़िंदगी

मुस्कुराकर हर बात पर ना कहता है मेरी,
उसको हँसकर हाँ कहना सिखाए तो कोई।

बोसीदा[1] शजर[2] भी छायादार होते हैं,
बुज़ुर्गों के साये में अब आए तो कोई।

दो बूढ़ी आँखें राह तकती हैं, मग़रिब[3] के बाद,
ज़ीस्त[4] की तारीकियों[5] में शम्अ[6] जलाए तो कोई।

ये ख़्वाब था कभी, जो अब बियाबाँ[7] हो गया,
इस खंडहर को फिर घर बनाए तो कोई।

फिर रहा हूँ बे-क़स्द[8] सा सुनसान राहों में,
रहनुमा[9] मुझको भी मिल जाए तो कोई।

ये ग़ज़ल अभी अधूरी है, ये शेर न मुकम्मल,
'सिफ़र' इस दर्द की ज़बाँ समझ पाए तो कोई।

1.पुराना, 2.पेड़, 3.शाम, 4.जीवन, 5.अंधेरे, 6.दीप, 7.वीरान, 8.बिना उद्देश्य, 9.मार्गदर्शक

2. अच्छा नहीं लगता

निशेमन[1] से ही अपने दूर हो जाऊँ,
ऐसी परवाज़[2] भरना अच्छा नहीं लगता।

ताल्लुक घर की ख़ाक-ए-सहन[3] से टूट जाए,
शोहरत की ऐसी बुलंदियों पर अच्छा नहीं लगता।

माँ-बाप के हर हुक्म की तामील[4] मैं कर नहीं पाता,
लिहाज़ा चश्म-ओ-चिराग कहलाना अच्छा नहीं लगता।

कई पतंगों के धागे हवा से टूट जाते हैं,
ऐसे मरासिम[5] रखना अच्छा नहीं लगता।

तेरी यादों से इक रिश्ता पुराना सा लगता है,
ख़लवत[6] में रहता हूँ, जबकि अच्छा नहीं लगता।

धोखा, बेवफ़ाई और बेज़ारी याद आती है,
प्यार और वफ़ा की बात करना अच्छा नहीं लगता।

ये हिंदुस्तानी को तकसीम[7] करते हैं हिंदू-मुस्लिम में,
तभी मंदिर-मस्जिद जाना अच्छा नहीं लगता।

ख़ुदा की सीख पे चलकर भी काफ़िर[8] कहलाता हूँ,
डरना धर्म के ठेकेदारों से अच्छा नहीं लगता

ज़िंदगी अपनी खुली किताब है 'सिफ़र'
झूठ से रिश्तों की बुनियाद बनाना अच्छा नहीं लगता।

1.घर, 2.उड़ान, 3.ख़ाक-ए-सहन = आँगन की मिट्टी, 4.पालन,
5.रिश्ता, 6.एकांत, 7.तकसीम = बाँटना, 8.अविश्वासी (धार्मिक संदर्भ)

3. खामोशी, जो छिपी रही

ऐ मुफ़लिसी[1]! जब तू थी, मुरव्वत-ओ-मुतमईन[2] थे,
अब न तू है, न हम में ये ख़ूबी रही है।

मैं क्या कहूँ? हाइल[3] से पूछो या मसाइल[4] से,
कैसी मेरी अब तक की मुसाफ़िरत[5] रही है।

भूल बैठे हैं उस शख़्स की हर अंदाज़-ओ-अदा,
फिर भी ताज़ा आख़िरी वस्ल[6] की यादें रही हैं।

सहन-ए-दिल[7] मनहूसियत फैलाने लगा—पूछा तो बोला,
रहती नहीं वो अब, जो मेरी महर-ओ-महताब[8] रही है।

उसके जाने से ख़्वाहिशें सब हो गईं रेज़ा-रेज़ा[9],
इक कमज़ोर चाहत रात भर जगाती रही है।

शब भर जागने पर भी नहीं कोई ख़याल आता है,
इक बचपन था—तसव्वुर[10] में सैकड़ों कहानियाँ रही हैं।

1.गरीबी, 2.हमदर्दी और संतुष्ट, 3.रुकावट, 4.समस्याएँ, 5.सफ़र, 6.मिलन, 7.दिल का आँगन, 8. सूरज और चाँद, 9.टुकड़े-टुकड़े, 10.कल्पना

4. एहसान, जो इतना दिया

शजर[1] छोड़ते हुए पत्तों से मेरी दुश्मनी है,
ये कई रोज़ से मेरे अपनों को परेशान किए हैं।

मेरी सफ़ीना[2] आफ़तों के भँवर में कभी फँसती नहीं,
माँ की दुआएँ हैं जो हर रास्ता आसान किए हैं।

मुफ़लिसी[3], भूख, लाचारी से लोगों को लड़ते देखता हूँ,
गिला[4] रहता है ज़िंदगी से—मुझ पर ही एहसान किए हैं।

ऐ सबा[5]! तू क्यों नई-नई नवा[6] बहाकर लाती है,
ज़िंदगी रहती नहीं अब—इस घर को हम श्मशान किए हैं।

मेरा लिखा ही मेरी उम्र का हासिल है बस,
वैसे तो कई मुक़ाम हमने यूँ ही क़ुर्बान किए हैं।

1.पेड़, 2.नाव, 3.गरीबी, 4.शिकायत, 5.सुबह की ठंडी हवा,
6.संगीत,धुन

5. मुनाफ़े का बोलबाला

अच्छा हो बुरा हो, मुनाफ़ा ढूँढ़ लेते हैं,
कुछ ऐसी होती हैं सत्तासीनों की आदतें।

चमक जाती है सरकार की सियासतें,
कौन कहता है? जाया जाती हैं जवानों की शहादतें।

उस अहल-ए-हुकूमत[1] से नहीं मुझको शिकायतें,
बातों से ही सही, पर दे तो जाता है मुस्कुराहटें।

दो मज़हबी भाइयों को जुदा करती हैं,
सियासत में बँधी हुई ये इनायतें[2]।

फिरकापरस्ती[3] की तबलीग[4] करती हैं दस्तार[4] के खातिर,
कानून के साये में पलती हुई ये जहालतें[5]।

क्यों रखें गिला मंदिर, मस्जिद और मज़हब से,
जब मुल्क के ठेकेदार घोलते फ़ज़ा[7] में अदावतें[8]।

1.शासन करने वाले लोग, 2.मेहरबानियाँ, 3.संप्रदायवाद, 4.प्रचार,
5.पगड़ी / प्रतिष्ठा का प्रतीक, 6.अज्ञानता, 7.वातावरण, 8.दुश्मनियाँ

6. तुझको हुआ जबसे एतबार है

कुछ रोज़ से ज़िंदगी उदास है,
कहती नहीं वो कुछ, पर ग़म बेहिसाब हैं।

दौर ऐसा है कि हर एक मुनाफ़िक़[1] है,
अब तो न मिलता सच्चा अहबाब[2] है।

ख़ुदा ही जाने ज़मीं पे हूँ या आसमान है,
ज़िंदगी को हुआ मेरे इश्क़ पे जबसे ऐतबार हे।

पार हो जाएगी भले दरिया में लाख गिरदाब[3] हैं,
गर माँझी पे नहीं, अपने बाज़ुओं में एतमाद[4] है।

दर्द, धोखा, ख़लवतें[5], तन्हाइयाँ - यही एजाज[6] हैं,
ऐ दोस्त, ये इश्क़ बहुत ही आज़ाब[7] है।

धर्म और जीत ने जकड़ रखा है ज़ंजीरों में इंसान को,
मगर सुनता हूँ - ये हिंदोस्तान तो आज़ाद है।

1.कपटी / दोहरा चरित्र वाला, 2.दोस्त, 3.भँवर, 4.भरोसा, 5.अकेलेपन के पल, 6.उपहार, 7.कष्टप्रद

7. बेधड़क होकर जीते हैं

ज़रूरतों को पूरा करने के सफ़र को रोकते हैं,
चलो बेपरवाह बचपन के जानिब[1] दौड़ते हैं।

वापस इन बारिशों में बेधड़क नाचने को,
कुछ पल ख़ुलूस[2] का दिखावा छोड़ते हैं।

बचपन की गली में फिर साथ खेलते हैं,
इस आपसी जंग-ए-वक़ार[3] को छोड़ते हैं।

दफ़्तर का कुछ काम कल पर छोड़कर,
हो चुकी महदूद[4] दुनिया की ज़ंजीरें तोड़ते हैं।

बँटते घरों में, बँटते दिलों को जोड़ते हैं,
अपनों से दूर जाती राहों का रुख मोड़ते हैं।

बचपन में खूब तोड़े हैं 'सिफ़र' सपनों के महल,
सपनों के इस महल को हक़ीक़त से जोड़ते हैं।

1.कि ओर, 2.सच्चाई, 3.अहंकार की लड़ाई, 4.सीमित

8. मैं जो शिकायत न कर सका

न जाने कब के उरूज[1] पर पहुँच चुके होते,
इक ख़ामी है, मुझे चर्ब-ज़ुबानी[2] नहीं आती।

यहाँ बगीचे थे कभी, जो अब बंजर हो रहे हैं,
लोगों को अब अजदाद[3] सी बाग़बानी नहीं आती।

इक दरिया ग़ुरूर में है, कोई पार कर सकता नहीं,
हौसलों से सजी कोई कश्ती बादबानी[4] नहीं आती।

मैं अपने माँ-बाप के साये में रहता हूँ,
मेरे दर पे परेशानी की फ़रावानी[5] नहीं आती।

हर इक से ज़िक्र करूँ, ऐसी कहानी नहीं आती,
क़ुर्बत[6] में बीते लम्हों की याद अब सुहानी नहीं आती।

गुज़र गया जो वक़्त की मानिंद[7], वो जहनसीब[8] न था,
मुख़्तसर[9]-सी बात दिल को समझानी नहीं आती।

1.उन्नति / ऊँचाई, 2.चापलूसी, 3.पूर्वज, 4.पाल (नाव की हवा से चलने वाली व्यवस्था), 5.अधिकता, 6.करीब होना, 7.जैसा, 8.छोटी, 9. जो किस्मत में लिखा हो

9. किरदार निभाता चला

इक बच्चे को देखा मज़दूरी करते कहीं,
जज़्बे को उसके बयाँ कर पाना मुमकिन नहीं।

पकड़े हुए था पहले ही से घर की ज़िम्मेदारियाँ कई,
हाथों में अब खिलौने पकड़ा पाना मुमकिन नहीं।

उसकी आँखों को ख़्वाब तो मयस्सर[1] थे कई,
जो न-मयस्सर था, उसकी तशरीह[2] करना मुमकिन नहीं।

उसकी आँखों के ख़्वाबों की ताबीरें[3] कैसे करूँ?
बस हाथों में समंदर भर पाना मुमकिन नहीं।

मुतमईन[4] था, जबकि बदन ढकने को कमीज़ नहीं,
शजर साये से महरूम रखे—ये भी तो मुमकिन नहीं।

ओढ़ने को मखगल की रिदा[5] नहीं, आसमान सही,
जानता था शायद कि इसे छीन पाना मुमकिन नहीं।

ज़रूरतमंद था, फिर भी रहमत का मोहताज़ नहीं,
ऐसी अना[6] हर इक में देख पाना मुमकिन नहीं।

समेटे हुए था बड़ी सिद्दत से मुन्तशिर[7] ज़िंदगियाँ कई,
लगता था मुझे बिखरे मोती बटोर पाना मुमकिन नहीं।

यूँ तो अपने मुक़द्दर से मुझे बड़ी नाराज़गी रही,
पर अब ज़िंदगी से गिला करना मुमकिन नहीं।

1.उपलब्ध, 2.व्याख्या, 3.अर्थ समझाना, 4.संतुष्ट, 5.ओढ़ने की चादर, 6.स्वाभिमान, 7.बिखरा हुआ

10. वापसी की राह

मुसलसल[1] आती मसाइल[2] से गर निजात पाना हो,
बंद कमरों में नहीं, आँगन में खड़े बूढ़े साये तक चलिए।

हर दर्द की तस्कीन[3] मतब[4] में नहीं मिलती,
सुकून चाहिए तो माँ की दुआओं तक चलिए।

गर वादों को पूरा करने का हौसला टूटने लगे,
कलाई पे बँधे अकीदत[5] के धागों तक चलिए।

ये टूटा हुआ टाट धूप से न बचा पाएगा,
वापस से उन हसीन जुल्फ़ों की छाँव तक चलिए।

खुद पर यकीन टूटने लगे, दुनिया के तंज[6] से,
तो उस राहत-ए-जाँ अहबाब[7] तक चलिए।

कुछ ज़ख्म फिर भरने लगे, दर्द कम होने लगे,
फिर से उस कूचा-ए-आश्ना तक चलिए।

गर जीवन की तल्ख हक़ीक़त से तआरुफ़[8] करना है,
आसमानों में मत उड़िए 'सिफ़र', ज़रा ख़ाक तक चलिए।

1.लगातार, 2.समस्याएँ, 3.सुकून/राहत, 4.अस्पताल, 5.विश्वास,
6.ताना, 7.दिल को सुकून देने वाला दोस्त, 8.परिचय

11.

" कुछ सच थे जिन्हे बोलने की हिम्मत नहीं हुई
कुछ जख्म हैं मैंने खुद ही बयान किए हैं। "

12. चाहा, जो हासिल न हो सका

कई दफ़ा कई बातें की उससे, मगर
जो बात लाज़िम[1] थी, कह न पाए कभी।

यूँ तो वो हरफ़-आश्ना[2] बुलाती थी, लेकिन
झुकी नज़रों में लिखे हर्फ़[3] पढ़ न पाए कभी।

ख़्वाहिश तो थी उसका आफ़ताब-ए-मेहताब बनूँ,
पर रूठे राहत-ए-जाँ को मना भी न पाए कभी।

इक सवाल पे कुछ कहते हुए वो ठहरी थी,
ज़ुबान पे रुके जवाब भी समझ न पाए कभी।

कमरे में तीरगी[4] लिए तेरी यादों का नशा करते रहे,
ख़्वाब धुएँ में उड़ते गए, मुकम्मल कर न पाए कभी।

कई ख़रीदार थे बाज़ार में ख़रीद लेने को,
हम ख़ूबी-ए-बाज़ार बन न पाए कभी।

1.ज़रूरी 2.शब्दों को समझने वाला, 3.शब्द, 4.अंधेरा

13. गुम होती चाहतें

कहता हूँ जिससे भी आरज़ू-ए-दिल[1] अपनी,
मुझे कहते हैं वो तेरे लिए ख़्वाब-सी है।

क्या करती है, क्या कहती है, पड़ता नहीं फ़र्क मुझे,
वो, होने से जिसके ज़िंदगी मेरी आबाद-सी है।

लिख के लाई है चेहरे पे बेबसी अपनी,
आज फिर रुंधी हुई मेरी आवाज़-सी है।

बुज़ुर्गों को मना लेने का हुनर मुझमें नहीं,
तभी शायद आज वो मन से हताश-सी है।

लिहाज़ा[2] अब बेतरतीब-सी है ज़िंदगी मेरी,
इक परी मुझसे कुछ नाराज़-सी है।

बेवजह की बेचैनियों का सिलसिला टूटता ही नहीं,
लगता है उसकी तबीयत कुछ नासाज़-सी है।

मुँह भी फेरना देखकर, हाल जानने को बेक़रार भी रहना,
कई हसीन अदाएँ उनकी अब बेनक़ाब-सी हैं।

चाहकर भी क़ुर्बत[3] में उसे मैं रख नहीं सकता,
ज़िंदगी मेरी आँधियों से लड़ते चिराग़-सी है।

अपनों की ख़्वाहिशें पूरी करते रहे बा-उम्र,
अब तो हम दोनों की आरज़ुएँ[4] गुमनाम-सी हैं।

हँसी के लिबास में छुपी थीं जो सिसकियाँ,
ऐसी कई सिसकियाँ अब बे-लिबास-सी हैं।

इक मुकम्मल[5] ग़ज़ल लिखने को न अब बोलो, 'सिफ़र',
रूठी हुई है वो, जिसकी आँखें ग़ज़ल की किताब-सी हैं।

1.दिल की इच्छा, 2.इसलिए, 3.निकटता, 4.इच्छाएँ, 5.पूर्ण

14. मालूम था इक दफ़ा

वो कुछ अपना सा था, कुछ पराया था,
शायद नज़र पे ख़्वाब का साया था।

कुछ ही दूर जाकर हाथों से हाथ छुड़ाया था,
कभी जिसने ख़ुद को हमसफ़र बताया था।

अभी-अभी तोड़ गया वो हर मरासिम[1] मुझसे,
अभी-अभी ही तो ये रिश्ता गहराया था।

उस मोड़ से आते हुए बारहा[2] मैं उसे देखता रहा,
जिस मोड़ पे वो तन्हा मुझे छोड़ आया था।

कौन बचाने किसको गहराई में आया था,
उसको तो मज़ा मेरी तबाही में आया था।

कई बरस बाद कल शब[3] भर नींद आई,
माँ ने फिर प्यार से सिर सहलाया था।

1.संबंध, 2.बार-बार, 3.शब = रात

15. ख़्वाब और हक़ीक़त

इससे बेहतर मेरी बेबसी का सबूत क्या होगा,
जा चुका है वो, जिसे हम रोक सकते थे।

बहुत पहले वो सोचकर बताने की बात कह गया,
इक उम्र तक का इंतज़ार तो हम कर ही सकते थे।

बड़ी मुद्दत[1] पे लौटकर आया था मिलने को,
मुस्कुराकर न सही, तो रंज[2] से हम मिल ही सकते थे।

मुख़्तसर[3]-सी ज़िंदगी में वो बढ़ गया आगे,
अफ़सोस! तरक़्क़ी-पज़ीर[4] तो हम भी हो ही सकते थे।

उनके मुन्तज़िर[5] रहते हुए हमने उम्रें गुज़ार दीं,
इश्क़ के इस ज़ाविये[6] को क़दामत[7] बता ही सकते थे।

मेरी कहानी की इब्तिदा[8] को वो अंजाम[9] कर गया,
चाहते तो उनसे कुछ गिला तो रख ही सकते थे।

ख़ुदा ने ही लिखा होगा सबब[10] कुछ तो जुदाई का,
हिज्र[11] में जीना तो हम दोनों ही न सोच सकते थे।

बहुत मतलबी गुज़ारी है ये ज़िंदगी हमने,
कुछ आँखों के सपने तो पूरे कर ही सकते थे।

अब उस शेर को भी अधूरा ही छोड़ देता हूँ, 'सिफ़र',
जिसे तेरे ज़िक्र से मुकम्मल कर भी सकते थे।

1.लंबा समय, 2.दुख, 3.छोटा, 4.उन्नति करने योग्य, 5.इंतज़ार करने वाला, 6.दृष्टिकोण, 7.पुरानापन, 8.शुरुआत, 9.अंत, 10.कारण, 11.जुदाई

16. वो शख्स, जो मेरा रहा नहीं

लिख सकता था मेरी कहानी का अहम हिस्सा जो,
वो शख़्स आख़िरी अल्फ़ाज़ लिखकर चला गया।

नई इब्तिदा[1] को मुनासिब[2] था जो वक़्त,
वो शख़्स माज़ी[3] की दास्तान सुना कर चला गया।

ख़्वाहिश थी सफ़र-ए-हयात[4] में साथ चलने की,
वो शख़्स नादान बच्चों सा समझाकर चला गया।

इस क़दर टूटा हुआ था वफ़ा में मिली सज़ाओं से,
वो शख़्स ख़ुद को बेवफ़ा बता कर चला गया।

मुस्कुराहट की वजह थी बचकानी बदमाशियाँ जिसकी,
वो शख़्स अनजाने में मुझको रुला कर चला गया।

मुन्तज़िर[5] हूँ आज भी उसके संग ज़िंदगी बिताने को, 'सिफ़र',
वो शख़्स अपने किरदार की ऐसी चादर ओढ़ा कर चला गया।

1.शुरुआत, 2.उचित, 3.अतीत / गुज़रा हुआ समय, 4.जीवन-यात्रा,
5.इंतज़ार करने वाला

17. क्यों हो नही जाता

तज़ाकिरे[1], ख़्वाब, तसव्वुर[2] और हर नज़्म[3] में है,
फिर ज़िंदगी में वो शामिल क्यों हो नहीं जाता।

हर तलबगार[4] की तलब का ख़याल रखता है,
आरज़ू[5] को पूरा कर मेरा भी ख़ुदा क्यों हो नहीं जाता।

यूँ तो वो हमसफ़र[6] भी है, हमनवा[7] भी,
दरमियान कोई सिलसिला क्यों हो नहीं जाता।

जाता है उठकर सीना फ़िगार[8] करता है,
ऐ दिल! तू उस्तवार[9] क्यों हो नहीं जाता।

दफ्न ख्वाहिशों का इक खौफनाक मंजर है 'सिफ़र'
जो चाहा था कभी, वो हासिल क्यों हो नहीं जाता।

1.ज़िक्र, 2.कल्पना, 3.कविता, 4.चाहने वाला, 5.अभिलाषा, 6.साथ चलने वाला, 7.साथी, 8.घायल दिल, 9.मज़बूत.

18. तेरा अनकहा सुनता रहा

वो मेरा महबूब था, बड़ा कमाल करता था,
कभी रुसवाई[1] करता था, कभी वो प्यार करता था।

ख़ातिर जिसके हर दरिया, हर सहरा[2] पार करने पर आमादा[3] था,
वो न तो इकरार[4] करता था, न ही इनकार करता था।

मैं उसके प्यार में क़िस्सों को कहानी बनाता था,
कभी जो दूर करता था, कभी दीदार[5] करता था।

वो मुझको जब भी मिलता, बड़ी रहमत से मिलता था,
मैं प्यार समझता था, वो तो एहसान करता था।

मैं उसके लिए अपना सब कुछ छोड़ आया था,
जो दिल को घर बनाता था, फिर घर को वीरान करता था।

1.अपमान, 2.रेगिस्तान, 3.तैयार, 4.स्वीकार करना, 5.मिलना

19. उनका आना सलीके से

जिस दिन से शामिल हुए हैं वो सफ़र में,
बेसलीका ज़िंदगी भी चल पड़ी सलीके से।

भरोसा कौन करता कि गुनहगार थे तुम भी,
तुमने झूठ ही बोला था इतने सलीके से।

अब दर्द से निजात मिले तो कैसे मिले?
जब हर तस्वीर हमने ही संभाल रखी हे सलीके से।

नामौजूदगी में भी उसे याद करता हूँ, 'सिफ़र',
वो दिल को घर बना चुकी है इतने सलीके से।

नज़्मों के साथ कुछ जज़्बात भी बिखरे हैं कमरे में,
जिन्हें हमेशा तुम अपने पास रखती थीं सलीके से।

ग़ज़ल सुनते ही महफ़िलें बेताब हो उठती हैं मिलने को,
मेरे हर इक शेर में तुम सजी हो इतने सलीके से।

20. वो पुकारे तो सही

बेबसी में अपने प्यार को कब तक छुपाते रहोगे तुम,
कभी घर से निकल मेरे दयार[1] में आओ तो कुछ बात हो।

मैं तेरी राह में बिछे हर ख़ार[2] को गुल[3] कर दूँ,
साथ चलने का हौसला दिखाओ तो कुछ बात हो।

यूँ घबराने से कुछ नहीं होगा दुनिया के तंज से,
तुम पंख खोल परवाज़[4] दिखाओ तो कुछ बात हो।

किसी शब तुम भी अपने प्यार की आतिश[5] जलाओ,
तमाज़त[6] से कमर[7] जलकर महर[8] हो जाए तो कुछ बात हो।

तेरे शहर आकर भी तुझसे मिलने नहीं देता तेरा सुकूत[9],
'सिफ़र' तुम कभी इक आवाज़ लगाओ तो कुछ बात हो।

1.घर /स्थान, 2.काँटा, 3.फूल, 4.उड़ान, 5.आग, 6.गर्मी / तीव्रता,
7.चांद, 8.सूरज, 9.ख़ामोशी

21. मेरा प्यार, मेरी कहानी

मेरे दिल की बंजर भूमि की है
यही कहानी,
जब भी सुर्ख़ दरारें आईं,
आँख से बरसा पानी।
कुछ आँसू,
कुछ ख़्वाब के टुकड़े,
और
इक झूठा वादा
हमने तो प्यार में पाई
है बस यही निशानी...

22.

"मतलबी हूँ रूठने पे मन लेता हूँ हर दफा ,
फ़क्त वो ही है जो चाहे ज़िंदगी की तरह। "

23. अल्फ़ाज़ से पहले

हम दोनों में इज़हार-ए-मोहब्बत ग़ैर-ज़रूरी है,
मैं उनकी मौसीक़ी[1] समझता हूँ, वो मेरी ग़ज़लें समझती हैं।

क़रीब होकर भी दूर-दूर रहते हैं हम दोनों,
मैं उनकी बेबसी समझता हूँ, वो मेरी परेशानी समझती हैं।

लिहाज़ा हल्क़ात-ए-शहर[2] की तल्ख़ियों[3] से नहीं डरते,
मैं उनका सब्र समझता हूँ, वो मेरा इंतज़ार समझती हैं।

ग़लती की गुंजाइश ही नहीं इक-दूजे की निगहबानी[4] में,
मैं उनको दुनिया समझता हूँ, वो मुझको ज़िंदगी समझती हैं।

फिर किसी राहगुज़र[5] पर हयात-ए-सफ़र[6] में मिलेंगे,
मैं उनको जहनसीब[7] समझता हूँ, वो मुझको मुक़द्दर[8] समझती हैं।

बेशक क़ुर्बत[9] में नहीं रहते, पर हिज्र[10] में भी तो रह नहीं सकते,
मैं उनको हमदर्द समझता हूँ, वो मुझको हमसफ़र समझती हैं।

ये इश्क़ ऐसा है कि लफ़्ज़ों की ज़रूरत है नहीं इसमें,
मैं उनकी आँखों की गहराई समझता हूँ, वो मेरी मुस्कराहट समझती हैं।

1.संगीत, 2.शहर के ओछे लोग, 3.ताने, 4.देखभाल, 5.रास्ता, 6.जीवन-यात्रा, 7.किस्मत में लिखा, 8.भाग्य, 9.निकटता, 10.जुदाई

24. रिवायत की क़ीमत

अब जो तारिक[1] हो तो तेरा हर सामान लाया हूँ,
तुम भी मेरी बेज़ारी[2] अब सौंप दो मुझको।

तुम्हारी सारी वफ़ाएँ लाया हूँ,
मेरी सब ख़ताएँ तो सौंप दो मुझको।

तुम्हारे दिए ज़िंदगी के कुछ रंग लाया हूँ,
मेरी वो तारीकियाँ[3] फिर सौंप दो मुझको।

छोड़ आई थी पास मेरे जो मुस्कुराहट—लाया हूँ,
ख़यानत[4] किए थे जो दर्द मेरे, सौंप दो मुझको।

तेरे हुस्न से थीं जो दाराइयाँ[5], ले के आया हूँ,
मेरी पहली-सी फ़क़ीरी फिर सौंप दो मुझको।

तेरी यादों का हर एक सबब लाया हूँ,
मकीं[6] थी जिसमें मेरी—वो अमानत सौंप दो मुझको।

छोड़ आई थी जो कमरे में तजल्ली[7] लाया हूँ,
मेरी वो पहली-सी ख़लवतें[8] फिर सौंप दो मुझको।

तुम्हारी अहद-ए-वफ़ा[9] से सजे ख़त लाया हूँ,
मेरे झूठे क़समें-वादे तो सौंप दो मुझको।

गर फिर ऐतबार कर सको तो नफ़्स[10] लाया हूँ,
तब फ़क़्त अपनी रिफ़ाक़त[11] सौंप दो मुझको।

1.त्याग करने वाला/छोडने वाला, 2.विरक्ति, 3.अंधेरे, 4.विश्वासघात/धोखे से हड़प लेना, 5.वैभव/समृद्धियाँ, 6.रहने वाला, 7.दिव्य चमक/नूर/झलक, 8.एकांत, 9.वफ़ा का वादा, 10.आत्म/स्वयं, 11.साथ/संगत

25. कुछ सवाल

इक फ़रिश्ता लौटकर जाते हुए
आँखों की नींदें ले गया,
फिर न जाने क्यों
ये एक कमरा अँधेरा दे गया।

यूँ तो ख़ुद सादात[1] था,
नम्र अल्फ़ाज़ों का सरताज था,
फिर न जाने क्यों
मेरे लहज़े को बेज़ारी[2] दे गया।

जुगनू-सी रोशन थी ज़िंदगी जिससे,
गया तो नज़र की बीनाई[3] ले गया,
फिर न जाने क्यों
मेरे घर को चराग़ाँ[4] दे गया।

मय[5], मयख़ानों[6] और रिन्दों[7] को
वो तल्ख़ियाँ[8] देता था,
फिर न जाने क्यों
मेरे हाथों में प्याले दे गया।

हर इक को दर्द में तस्कीन[9] देता था,
बिंत-ए-मरियम[10] था वो,
फिर न जाने क्यों
मुझे अनचाहे ज़ख़्म कुछ वो दे गया।

ख़ुद को बताता था आश्ना[11] मेरा,
मुझे भी राग़बत[12] थी—जवाब ले गया,
फिर न जाने क्यों
वो कुछ उलझे सवाल दे गया।

बावला हो न जाऊँ याद में,
तभी शायद वो हर सामान ले गया,
फिर न जाने क्यों
जाते हुए पैरों के निशान दे गया।

1.सादगी/शरीफ़ी वाला (उच्च वंश/शालीन), 2.विरक्ति, 3.दृष्टि, 4.दीपों से जगमग, 5.शराब, 6.मदिरालय, 7.शराबी, 8.कड़वाहटें, 9.सुकून/राहत, 10.मरियम की बेटी (रूपक: शिफ़ा), 11.करीबी, 12.लगाव

26. शिकायत से गूँजता है, ये कमरा

मेरे कमरे को मुझसे शिकायत रहती है,
हो चली है आदत इसे अब तुम्हारे सलीकों की,
मेरी बेतरतीबी[1] भाती नहीं अब फिर इसे।

मेरे कमरे को मुझसे शिकायत रहती है,
तुम्हारे सुरूर में शादाब[2] था शायद,
अब तो मनहूसों-सा कोसता है हर पल।

मेरे कमरे को मुझसे शिकायत रहती है,
हर शब तुम्हारी तजल्ली[3] महसूस करता है,
तुम्हें सच में न पाकर मानो टूट जाता है।

मेरे कमरे को मुझसे शिकायत रहती है,
गिला करता नहीं, शायद जानता है,
फ़ुक़त[4] उससे ही नहीं, मुझसे भी
तस्लीम[5] होगा नहीं कोई दूसरा।

मेरे कमरे को मुझसे शिकायत रहती है,
इक लम्हे को रुक पलट देखा था तुमने जब,
मैंने उस लम्हे में क्यों रोक नहीं तुमको
मेरे कमरे को मुझसे शिकायत रहती है।

1.अव्यवस्था, 2.हरा-भरा/प्रसन्न, 3.दिव्य चमक/नूर/झलक, 4.केवल, 5.स्वीकार करना

27. तू शहर आया और मुझसे मिल भी नहीं

तेरे क़दमों की आहट महसूस करता रहा यहीं,
मैं शहर में रहा, घर से हिला भी नहीं,
तू शहर आया और मुझसे मिला भी नहीं।

तू मिलता तो बताते हाल-ए-दिल अपना,
ऐसा नहीं कि दरमियान कोई सिलसिला भी नहीं,
तू शहर आया और मुझसे मिला भी नहीं।

तू रहा होगा मुझसे नाराज़ बहुत शायद,
जो मैंने तेरी वफ़ाओं का दिया सिला भी नहीं,
तू शहर आया और मुझसे मिला भी नहीं।

फ़क़्त[1] मुख़ातिब[2] होने से जो खिल जाता था,
वो मायूस कमल अब के खिला भी नहीं,
तू शहर आया और मुझसे मिला भी नहीं।

मैं कर लेता क़ुबूल हर गुनाह तेरे सामने,
पर तूने किया मुझसे कोई गिला[3] भी नहीं,
तू शहर आया और मुझसे मिला भी नहीं।

मेरी हर ग़ज़ल में बसा है इक तेरा ही अक्स[4],
तूने समझा मुझे मुक़द्दर में लिखा भी नहीं,
तू शहर आया और मुझसे मिला भी नहीं।

1.सिर्फ, 2.सामने होकर बात करना, 3.शिकायत, 4.प्रतिबिंब

28. जहां तुम थी, अब कुछ नहीं

अब वो छज्जा
मुझे अच्छा नहीं लगता।

जहाँ हसीन ज़ुल्फ़ों को सुखाती थी,
जिसे अपनी ख़ुशबू से महकाती थी,
जिसे तुम फूलों से सजाती थी,
तुम्हारे न होने से अब
सूखे गुल-सा मुरझाया लगता है।

अब वो छज्जा
मुझे अच्छा नहीं लगता।

जो तुम्हारी शरारत में नज़रें चुराने से,
कभी ग़ुस्से में मुँह फेरने से,
इंतज़ार में मुसलसल[1] अंदर-बाहर करने से
जो सदा आबाद रहता था,
वो अब बर्बाद लगता है।

अब वो छज्जा
मुझे अच्छा नहीं लगता।
जहाँ मुझसे रूठकर जाती थी,
जाकर दिल की बातें गुनगुनाती थी,
आँखों के सैलाबों को छुपाती थी,
जो तुम्हारा राज़दार[2] था,

मुझे तन्हा देख तुम्हारी बातें बताने लगता है।

अब वो छज्जा
मुझे अच्छा नहीं लगता।

जहाँ घंटों मुझे अख़बार के साथ देख
तुम मुस्कुराया करती थीं,
जहाँ धूप में किताब पढ़ते देख
दुपट्टे की छाँव करती थीं,
वो अब हर पहर इक सहरा[3] लगता है।

अब वो छज्जा
मुझे अच्छा नहीं लगता।

जहाँ हर सुबह चिड़िया हसीन बातों में साथ देती थी,
हर शाम सबा मीठी तकरारों को उड़ा ले जाती थी,
हर रात चाँदनी जागते ख़्वाबों को रोशनी देती थी,
अब न चिड़िया, न चाँदनी, न सबा[4] है, और न तुम हो–
अब हर रोज़ ये ख़लवत[5] में इक क़फ़स[6] लगता है।

अब वो छज्जा
मुझे अच्छा नहीं लगता।

वहाँ मैं अब कभी जाता नहीं,
उस जानिब[7] जाते दरवाज़े को ज़ंजीरों में जकड़ रखा है,
कभी जो हमारे घर का
हर क़िस्सा-कहानी का अहम हिस्सा था,

अब मकान का अनचाहा बंजर भाग लगता है।

अब वो छज्जा।
मुझे अच्छा नहीं लगता।

जिससे बेपनाह रग़बत[8] थी कभी,
अब बे-इंतिहा नफ़रत है मुझे,
ये बेअदब हर शब मेरी तन्हाइयों में
बेवजह यादों का दामन लिए चला आता है,
तुम्हारी बेवफ़ाई बताने लगता है।

अब वो छज्जा
मुझे अच्छा नहीं लगता।

जहाँ कभी बा-उम्र साथ देने के वादे किए थे,
हर राह, हर मंज़िल साथ चलने की क़समें खाई थीं,
दो क़दम चलकर ही क़समें-वादे तोड़ बैठी तुम,
ज़रूरत थी जब मुँह मोड़ बैठी तुम,
ऐसी ख़फ़ा हुई मुझसे,
साँसों के सिलसिले ही तोड़ बैठी तुम।

अब वो छज्जा
मुझे अच्छा नहीं लगता।

जो कभी हमदर्द था, रक़ीब[9] है अब,
तभी वो तुम्हारे झूठे क़समें-वादों की,
धोखे के एहसासों की,

संगदिल[10] जज़्बातों की
याद दिलाने लगता है।

अब वो छज्जा
मुझे अच्छा नहीं लगता।

1.लगातार, 2.राज़ जानने वाला, 3.रेगिस्तान, 4.ठंडी हवा, 5.एकांत, 6.पिंजरा, 7.दिशा, 8.लगाव, 9.प्रतिद्वंद्वी/प्रेम में प्रतिस्पर्धी, 10.कठोर हृदय वाला

29. बे-आसरा होने तक

इक रोज़,
इक मग़रिब[1],
मैंने और मेरी उदासी ने,
इक पतंग को देखा।
कुछ पल पहले
बेख़ौफ़,
बेबाक,
परवाज़[2] पर थी,
पर क्या कीजिए–
उड़ान के जुनून में
माँझे का साथ छोड़
बेसबब[3]
ख़ुद को अलग कर बैठी।
वो पतंग बाम-ए-फ़लक[4] से,
बेसहारा
तैरते हुए ज़मीन को आ लगी।

तभी
मेरे दिल ने
माज़ी[5] की किताब का
वो पन्ना खोला,
जिस रोज़
मैंने
तुमसे हर रब्त[6] तोड़ा था।

उस दिन से
ज़िंदगी भी
इस पतंग की मानिंद[7] है।
बेसहारा,
बिन आपके।
यक़ीन मानिए,
संभाल लीजिए।

1.शाम / सूर्यास्त का समय, 2.उड़ान, 3.बिना कारण, 4.आकाश की ऊँचाई, 5.अतीत, 6.संबंध, 7.समान/जैसा

30. यादों का हिसाब

मुझे सब भूल जाने की आदत थी,
रिश्तों के धागों में बँधे कुछ लम्हे हैं।
ख़ामोशी में दबी रहीं ऐसी कुछ बातें हैं,
कुछ सपने भी हैं, मयस्सर[1] होने की उम्मीद लिए,
और ख़्वाहिशें जो ज़ाहिर न हो सकीं।
कुछ शामें हैं, जब तुम मुख़ातिब[2] थे,
टूटते तारे को देख पाक[3] दुआ माँगती रातें हैं।
मेरी जीत से सजी दिल की पासपाई[4] भी है,
और पैरों के निशान लिए गुज़रता
वो इक बेरहम दिन भी है।
और
इक मलाल भी है
ज़िंदगी का,
तुम्हें न रोक पाने का,
ये रिश्ता टूट जाने का।
न जाने कैसे याद है अब तक,
यादों को सँजोया नहीं मैंने,
फिर भी सिमटकर रह गईं पास मेरे,
मुझे सब भूल जाने की आदत थी।

तुम्हें तो सब याद रखने की आदत थी,
हर लम्हा बख़ूबी संजोना जानती थीं तुम।
क्या जी रही हो वैसे ही
तुम भी,

जैसे जी रहा हूँ मैं,
हर रोज़ मर-मर कर
अपने मलाल में।

1.उपलब्ध, 2.सामने होकर बात करना, 3.पवित्र, 4.हार

31. मैं वही हूँ, मगर सब चल गया

तुझे लिखूँ
ख़त में इक सवाल मैं,
और करूँ
इश्क़ का इज़हार मैं।
महकाऊँ ख़त को प्यार से
और लगा गुलाल मैं,
भेज दूँ पते पे तेरे
कासिद[1] के हाथ मैं।
कहूँ उसे—साथ ले के आए जवाब वो,
तब तलक रहूँ बेक़रार मैं,
कुछ-कुछ परेशान मैं।
लौट आए खाली हाथ जो,
तो हो जाऊँ बेज़ार[2] मैं,
सोचूँ...
कि क्यों लिखा
ख़त में सवाल मैं?
क्यों किया था
इश्क़ का इज़हार मैं?
बनाना चाहता था जिसको हयात[3] मैं,
शायद
अब खो चुका हूँ
वो अच्छा अहबाब[4] मैं।
अब तन्हा-सा गुज़ारूँ दिन,
तुझे लिखते हुए रात मैं,

अब कैसे भुलाऊँ तेरी हर बात मैं।
याद में तेरी
हो जाऊँ देवदास मैं,
या राँझे-सा बेहाल मैं,
या मजनूँ-सा बर्बाद मैं।
मयख़ाने[5] को जाऊँ
और पियूँ शराब मैं,
सोचूँ तुझे
और करूँ मलाल मैं।
क्यों लिखा था
ख़त में सवाल मैं,
क्यों किया था
प्यार का इज़हार मैं।

1.संदेशवाहक, 2.निराश, 3.जीवन, 4.दोस्त, 5.मदिरालय

32. वो लौट आ चुका है

आने की जिसके न आस थी मुझको,
वो अब आ गया है।
थोड़ा-सा है हैरान, थोड़ा-सा परेशान,
देख कर यूँ बेज़ार[1] मुझको,
मेरे मुख़ातिब[2] आकर वो खड़ा है।
हाथों में उसके वो मेरा ही है ख़त,
मैंने जो लिखा था, याद है मुझको,
हाँ, अभी तक उसका मलाल[3] है मुझको।
आँखों में अपने वो मोती लिए है,
जो गिरने को हैं बस,
मैं पोंछ तो देता, पर क्या हक़ है मुझको।
चेहरे पर उसके न मुस्कान है अब,
देख कर जिसको सुकून मिलता था मुझको।
क़रीब आकर, गले से लगाकर,
दो पल को रुक कर,
वो वापस चल दिया।,
हाथों में थमा कर मेरा ख़त मुझको।
ख़त खोलकर जैसे मैंने पढ़ा तो,
उड़ने को कम है ये आसमान मुझको।
मैंने जहाँ लिखना ख़त्म किया था,
उसने ठीक उसके आगे से लिखा है,
तुझसे बिछड़ कर एहसास मुझको,
हाँ, तुझसे ही तो है प्यार मुझको।
क़ुर्बत[4] की यादें करने लगी थीं बेताब मुझको,

यूँ सब टूट जाने से,
तेरे रूठ जाने से,
लगने लगा था सब बर्बाद मुझको।
तेरी लिखी हर बात पर है ऐतबार[5] मुझको,
तुझसे बिछड़ कर एहसास मुझको,
हाँ, तुझसे ही तो है प्यार मुझको।

1.उदासीन, 2.सामने, 3.पछतावा, 4.निकटता, 5.विश्वास

33.

" तेरा पूछना मेरी ज़िंदगी मे तेरे होने के मायने ,
मेरे चेहरे की मुस्कुराहट ही मेरा जवाब रहता है, "

www.ingramcontent.com/pod-product-compliance
Lightning Source LLC
Chambersburg PA
CBHW070646240926
51846CB00003BA/806
* 9 7 8 9 3 7 5 4 3 9 2 2 6 *